# UN DESVÍO DESDE LA SOBERBIA
## Directrices para la buena gestión

Héctor H. Carbajal

EDIQUID

UN DESVÍO DESDE LA SOBERBIA
*Directrices para la buena gestión*
Héctor H. Carbajal
© Editorial Ígneo Internacional, SAC, 2020
© Para esta edición con el sello Ediquid, 2020
Lima, Perú

www.grupoigneo.com
Correo electrónico: contacto@grupoigneo.com
Facebook: Grupo Ígneo | Twitter: @editorialigneo | Instagram: @grupoigneo



Diseño de portada: Oriana Vargas
Diagramación: Dianora Gómez

Colección: Pensamiento

ISBN: 978-980-7641-76-0
Depósito legal: DC2020000842

# Prólogo

Es fundamental que todo líder organizacional logre un cambio en su perspectiva desde la «soberbia» en la que esta hacia la búsqueda continua de mejorar su gestión interna.

Viendo a la soberbia como la inexistencia de un genuino interés de mejorar, crecer y buscar con base en una «crítica» interna el desarrollo organizacional, dejando de lado la costumbre habitual de la monotonía organizacional que tanto mal le hace, dirigiendo las decisiones, estrategias y planes en la dirección de mejorar, un día a la vez, con más y mejores objetivos y acciones.

Para ello, el líder de la organización siempre deberá despertar a sus propias limitaciones, incapacidades y errores para mejorar y poco a poco empezar a confiar en su equipo de trabajo y capacidades.

*Se necesita valor para determinar un cambio en las decisiones. Se necesita valor para desear un cambio en lo planificado. Se necesita valor para trabajar en equipo y reconocer que si juntos buscamos un objetivo es juntos que podemos lograrlo.*

*Se necesita valor para determinar que no soy el centro del mundo, aunque tu empresa sea «tu mundo», forjado con el más grande de los esfuerzos y la mejor de las voluntades.*

*Se necesita valor para escuchar a otros y buscar en qué mejorar. Se necesita valor para comenzar el camino de la mejora continua.*

*Exposición durante capacitación a gerencias del Banco Central de Chile*

Julio de 2019

# Un desvío desde la soberbia

## Pensamientos iniciales

> *Si uno no puede describir lo que está haciendo como un proceso, no sabe lo que está haciendo.*
>
> William Edwards Deming

En mis más de once años como consultor y auditor, me he llegado a dar cuenta de la gran necesidad de guía y referencias en el marco de un sistema de gestión basado en normas técnicas internacionales de acuerdo con el gran abanico que se representa por la ISO (Organización Mundial de Estandarización, por sus siglas en inglés).[1]

Tengo experiencia de trabajo con organizaciones públicas y privadas tanto de Uruguay como de Chile, así como de otras tantas con liderazgo de países europeos y asiáticos en territorio y con personal chileno. En este mundo de las normas técnicas, mientras se intenta unificar criterios y estandarizar procesos, mecanismos y resultados mejorados, he visto con simpatía cómo esto depende de la diversidad del ser humano. Los criterios se dividen y las opiniones se separan a cada paso en que uno se sumerge en el mundo de la gestión y las organizaciones.

Por lo tanto, la intención es escribir en breves líneas una guía adecuada a todos quienes están trabajando en alguna norma de gestión y en pos de mejora de sus resultados. Explicar en palabras no académicas los pensamientos y pareceres que muchos poseen, con

---

1 Véase www.iso.org.

el fin de mejorar sus gestiones y, por qué no, lograr una certificación que acompañe el esfuerzo.

Buscaremos juntos lo que conlleva ese esfuerzo y de qué factores depende, acorde a los estereotipos y formas.

Como agregado, dedicaré un capítulo al proceso de auditoría, con la visión y sugerencias de un auditor hacia quien la realice, para que el mecanismo no sea una muestra «insensible», «poco grato», «inútil», etc., como he escuchado a varios directores referirse a esta instancia en procesos terriblemente burocráticos.

Por supuesto que este escrito no tiene la intención de juzgar a tal o cual perfil de organización, ya que entiendo las diferencias entre unas cosas y otras que he valorado en reiteradas ocasiones entre auditorías. El comenzar con una norma de gestión es de por sí un buen presagio en el rumbo a mejorar la forma interna de ser y hacer las cosas.

Muchos inician el camino con caras largas y altibajos, otros porque un tercero les aclara que el negocio se termina y es el salvavidas implícito en las promesas de comercios prósperos. Otros esperan hasta el último momento para que un asesor se digne a hablar de mejora, por motivo de que se enteraron en el gran murmullo del mundo empresarial que la competencia logró una certificación. Finalmente, está aquel o aquella líder de organización o empresa que se enfrenta a los nuevos desafíos con gusto a fin de transmitir a todos en lo interno y hacia el exterior que realmente son lo que dicen ser.

A fin de entender esto y su vasto universo, hablaremos con la informalidad del «vos a vos», ya que me ha resultado de mayor valor para una comunicación fluida. La horizontalidad de los pensamientos y las múltiples opiniones resultan positivos en el trato de temas de gestión.

Este se convertirá en el primer manuscrito, al que le seguirán otras líneas de pensamiento que ahondarán en los procesos, gestiones y mejoras esperadas para el desarrollo del potencial interno de tu organización.

Por lo mismo y con el mayor de los gustos comienzo diciendo: es requerido un desvío desde la soberbia.

# Contenido

# CAPÍTULO 1

# Expectativas de la «buena gestión»

*Las ganancias en los negocios provienen de clientes que vuelven, clientes que alardean de tu proyecto o servicio, y que traen a amigos con ellos.*

William Edwards Deming

¿Qué quiere decir el término «gestión»? Si la buscamos en cualquier diccionario, nos encontramos con lo siguiente: «Conjunto de operaciones que se realizan para dirigir y administrar un negocio o una empresa».

«Una buena gestión hace que las empresas funcionen»

**Gestión** es asumir y llevar a cabo las responsabilidades sobre un proceso (es decir, sobre un conjunto de actividades). Esto puede ser empresarial o personal, lo que incluye:

- La preocupación por la disposición de los recursos y estructuras necesarias para que tenga lugar.

- La coordinación de sus actividades (y correspondientes interacciones).

La **gestión** planifica, construye, ejecuta y controla actividades alineadas con la dirección establecida por el cuerpo gerencial para alcanzar las metas empresariales.

Si continuamos buscando encontraremos una gran lista con la misma base teórica a lo mencionado anteriormente.

Entonces, gestión no es un elemento más de control de lo que sucede en los procesos internos, sean significativos (procesos claves) o de apoyo, vistos como ultra necesarios o un mero capricho de gerencia como puede ser apreciado por muchos, la simple idea de tratar de certificarse y disponer de recursos para ello.

Se planifica, se actúa con base en esa planificación, se revisa lo trabajado, se trata de mejorar algo según lo revisado y evaluado, y se regresa al ciclo de planificar «mejor» para hacerlo «mejor».[2]

Lo indiscutible es que de ninguna manera se debería considerar que se debe separar por un lado los objetivos y planes de calidad o alguna norma de gestión, y por otro lado los planes y objetivos de la organización.

Es un todo. Debe ser lo mismo y en este punto es donde la gran mayoría no entienden el valor de trabajar en estas normas. No se requiere que tú quites o agregues más, tan solo haz que la norma o normas que tienes intención de trabajar se alineen a lo que ya realizas y potencien mejoras de acuerdo con lo que requiere la norma de referencia.

¿Se entiende? El principio básico en esta gestión es que las normas te marcan un qué hacer para tener procesos de calidad, mejorar el impacto ambiental, asegurar la inocuidad, asegurar la calidad, los mecanismos de seguridad, etc.

Pero ¿el cómo? Eso lo determinas vos, el cómo será íntimo a la realidad de tu estructura, tamaño y necesidades internas.

Para acercarte a este concepto, te invito a ver a las organizaciones como seres vivos, compuestas por una estructura similar a la del cuerpo de cualquier organismo.

Ejemplo: la unidad básica de una estructura pluricelular es la célula. Un conjunto de ellas compone tejidos, los tejidos llegan a dar

_____________

2 Véase ciclo de Deming o ciclo de mejora continua

forma y estructura a órganos que a su vez en comunión y actividades conjuntas estructuran sistemas complejos y vitales para que resulte un funcionamiento eficaz y potente de la vida en marco a una forma, por ejemplo, humana. Un cuerpo del color, altura, rasgos que pueden variar en mil maneras, pero humano al fin, capaz de cumplir con funciones tan variadas y espectaculares como no somos capaces de entender en su totalidad.

Es exactamente lo mismo para una organización. Estas se estructuran con células bases de la vida organizacional como lo son sus trabajadores, constituyendo oficinas o sectores de trabajo que son parte fundamental de procesos y actividades que, en sus entradas y salidas, compras y adquisiciones, estudios y análisis, forman varias líneas de producción o prestación de servicio, generando estructuras mayores o menores que funcionan independientemente de quién esté en su interior, funcionan, se piensan, repiensan y cambian. Y como todo ser vivo, si no se trata adecuadamente, si no se nutre y no se cumple con ciertas etapas, puede llegar a morir.

Como ser vivo, al momento de valorar su nivel de gestión (por ejemplo, en el marco de implementación de una norma ISO), se debería estudiar la organización, en forma única y valiosa, su contexto, desafíos y valorar el grado de desarrollo que pueda presentar en la etapa en que se encuentre. Nunca hay que verla desde la comparación burocrática de requerimientos básicos de letras y espacios.

Las normas de gestión no han sido creadas para exaltar la burocracia del papel y las firmas. Sus revisiones nos muestran con claridad que buscan la simplificación de la mejora con base en que el «¿cómo lo haces?» sea impulsada cada año.

Los códigos que muchas estructuras han planteado, códigos de documentos, ejemplo IT- PM-09 234 X, son irreales al momento de expresar y transmitir gestión, puede que por el volumen de los documentos se procure organizarlos y será correcto, pero eso por sí solo no es gestión. El tener tal o cual instructivo o formulario por sí mismo no es gestión. **No es gestión si eso quita vida al dinamismo**

**interno de pensar, hacer, verificar y volver a planificar para seguir haciendo más.**

Esto puede resultar muy amigable y llegar a estimular a decir «bien, manos a la obra, la cosa es más sencilla de lo pensado». Es verdad, sin embargo, pasa el tiempo y no faltan organizaciones que presentan este tema como dificultoso y escabroso. ¿Por qué? Brevemente, porque la buena gestión tiene que partir de la cabeza de la organización y desde ese punto descender hacia el resto. Además, el ser parte de esta cultura organizacional puede generar para muchos líderes de empresas un sobreesfuerzo personal.

Una pregunta común que planten las organizaciones después de explicar los beneficios del proceso es: «¿Y cuánto cuesta una certificación?» Para tratar el tema de la buena gestión junto con una correcta visión del organismo empresarial como ser vivo, se debe considerar otro factor fundamental y por momentos escurridizo, el liderazgo. La Gerencia General y el Directorio deben estar conscientes de su necesidad de mejorar. No basta tan solo con la intención inicial, deben desear (en alguna etapa) cambiar un aspecto de su labor para iniciar este tratamiento de transformación.

No por la inversión de las primeras zapatillas dejarás de dar los primeros pasos. **La buena gestión es parte de una chispa de inteligencia diferente que te dice: comienza ahora, tienes cosas buenas, ve por los mejores.**

Como breve detalle, ya veremos cómo el proceso de auditorías externas puede terminar de matar las buenas intenciones y desmoralizar en rangos generales a las organizaciones, quitando por la mera acción humana la impronta personal para el logro de la buena gestión.

# CAPÍTULO 2

# Liderazgo
## El bueno, el malo y el raro

*A veces no somos responsables de lo que nos pasa en nuestras vidas, pero siempre, absolutamente siempre, lo somos de cómo afrontamos lo que nos pasa. Esa libertad última, la de elegir como respondemos frente a las circunstancias, nadie nos la puede arrebatar.*

Viktor Frank

Un empresario se comunicó conmigo para coordinar una reunión y revisar la oportunidad de implementar cierta norma para su planta de tratamiento de aguas de una noria subterránea y sobre la exportación al mercado norteamericano y de Arabia Saudita. Perfecto, pensé, coordinemos y reunámonos para revisar lo propuesto y coordinar fecha de inicio. Para mi sorpresa, la fecha determinada por esta persona me dejaba poco margen de tiempo por tener una auditoría a eso de las 10:00 am. Me planteó reunirnos en el club de golf de la ciudad de Santiago a eso de las 09:00 am y en unos minutos revisar el tema, además de conocernos.

Como el tiempo apremiaba, esta persona decidió dar inicio del proceso de forma urgente y tratarlo en el mínimo de tiempo posible. Estoy antes de la hora indicada y quedo a la espera. Recibí un *whatsapp* diciendo: «Llegaré tarde, sorry». Pensé que no había problemas ya que todavía contaba con algunos minutos, pero al no ver cercanía decido escribirle y recordarle que a las 10:00 am tenía que dar inicio a una actividad ya planificada. Al momento recibo una llamada que se me dificultó digerir, considerando que la instancia era para cooperar con la urgencia de su pedido. Resulta que este señor, muy enojado, me pidió decidiera si iba a dedicarme a su negocio o requeriría de otro para tratar el tema. Fríamente terminó el monólogo diciendo: «Esto era un negocio y no un favor».

Por supuesto que en una organización lo que menos se encuentra en la interna son favores (he visto qué las organizaciones se parecen en gran medida a las sociedades en donde se encuentran), frías e inhóspitas, soberbias e incultas, felices y optimistas, volcadas a la ceremonia y al reunomismo (puras reuniones), y tal cual el líder que las comanda.

En Chile es habitual el estar en continuas reuniones, en muchas de las cuales no se concreta nada que no se pueda resolver mediante un correo electrónico o llamada telefónica.

Soy yo y solo yo el centro de nuestro mundo, lo que me interesa a mí te debe interesar a vos, sin importar si podés abordar el tema en cuestión con otra mirada, ese es el concepto dominante.

¿Qué clase de líder eres? ¿Qué clase de trabajador/a eres? Quien me cortó porque tenía que cumplir con una actividad anticipada y planificada, nunca pensó en sí mismo y los demás como un eslabón importante de una cadena de necesidades y pertenencias. «Otros habrá que trabajarán para mí», piensa cuántas veces lo has escuchado, leído o quizás hasta dicho.

¿Qué líder deseo o espero ser ahora? ¿Qué es lo que motivan mis palabras, visitas, recorridas, saludos, miradas y reuniones a las que invito a otros a participar? ¿Qué represento para ellos y ellas?

Si hablamos de gestión, recuerda que controlarás, a través del conocimiento de los procesos y a través de planificaciones, actividades y revisión reiterada de lo que dices y piensas que vas a hacer. Si te es habitual llamar, humillar y cortar porque hay otros, recuerda que no eres líder, y a los que supervisas solo estarán ahí mientras tú estés presente.

Existen diversos estereotipos del líder. Se pueden encontrar cientos de escritos de acuerdo con el líder que debes ser. Cansado de ello, quiero resaltar tres tipos de líderes que debes evitar ser porque, aunque «buenos», pueden llegar a ser enemigos de la buena gestión.

Veamos algunos ejemplos.

Al primero lo denomino el modo «cómplice»: líder, astuto, rápido de mente, con una amplia memoria que le ha abierto muchas puertas. Con poco estudio en administración, pero con un vasto sentido del mundo y la experiencia del trabajador. No necesariamente conoce el sector, pero sí ha sido operario, ha sido un «laburante» como a él le gusta recordar y muy bien sabe de los aspectos grisáceos de la faena. Gana simpatía del operario, gestiona con rapidez las aprobaciones, delega responsabilidades de orden menor y administración a otros, pero jamás se siente seguro en los resultados negativos. Te habla de esto y aquello, te sabe la vida de todos y todas, pero comete un error fatal: habla confidencias de uno y otro. Su boca que le ha servido para dar discursos que envuelven al más escurridizo, lo ha llevado a hablar de más y generar una atmósfera de recelo y desconfianza entre su equipo de trabajo.

Entiende de un sistema de gestión, comprende su necesidad y sus ventajas. Con respecto a su organización entiende lo que tiene que hacer, pero no forma liderazgo que habilite independencia y mejora.

Por lo tanto, nunca busques denigrar a otro, sin importar del cargo que sea para quedar bien en determinada situación, porque lo único que lograrás será bajar escalones a la mediocridad de gestión. Tienes que lograr seguridad, imparcialidad e independencia en trabajadores que sepan lo que hacen y sigan una visión común. Que sigan manteniendo las pautas de trabajo una vez que tus ojos y oídos no estén presentes. Es como si Napoleón en plena batalla y luego de dar una gran arenga a sus batallones, hubiera dicho a sus tropas algo así como: ¡Soldado, el teniente no confía en ti!

Por lo mismo, es fundamental mantener entrevistas personales con los mandos, y sería aún perfecto con el operario, el técnico, el auxiliar, siendo el enfoque su estímulo, su participación, su consulta. Y evitando mencionar confidencias de otro integrante de la organización.

Otro tipo de tipo de líder que deberás evitar ser es el que denomino modo «sobreprotector»: un líder nato representa a los que se esfuerzan y han alcanzado metas mediante trabajo y esmero. Sabe lo que significa meter las manos en la masa, disfrutan y sienten comodidad en el terreno, con una oficina suya en el centro.

Este líder se aferra lo máximo posible a su estatus de máximo ser administrante en la organización. Gestiona todo, desde compras, capacitaciones, aprobaciones de todo cuanto deba ser para saber con seguridad que lo que se hace le es suyo.

Jamás hablan de integrantes del equipo empleados en presencia de otros, mantienen la confidencialidad acorde, pero les cuesta delegar. Esa especie de confianza que les haría imbatibles no ha podido bajar del podio del campeón.

Necesita formar líderes y quizás por desconocimiento no ha podido dar el paso. Es fundamental recordar que para la buena gestión tienes que aprender a delegar, lo que implica confiar en el potencial de los demás. Asimismo, es significativo que dispongas de un buen programa de capacitaciones y seguimientos de las evaluaciones de eficacia de estas a modo de crear oportunidades de desarrollo de supervisores, jefes, gerencias, etc. Todo acorde al tamaño y distribución de tus procesos.

A mediano o largo plazo te saldrá más caro en costo real el tratar de controlar todo por ti mismo; ten perfiles de cargos claros, un protocolo de reclutamiento y entrenamiento, no importa si al principio es básico, y un programa anual donde determines las instancias formales de capacitación interna o externa necesarias. No se requiere de cursos caros ni pagos.

Por último, pero no menos importante, está el que denomino modo «dueño de fundo»: este líder pretende hacer lo que piensa sin parar un instante por revisar o planificar. En gestión es básico planificar y revisar, y una vez se tengan los resultados de un análisis volver a planificar. Por menor o básico que este sea si no se cumple con el mencionado ciclo el proceso de mejora y logro de buenos y cada vez mejores resultados se interrumpe. Este dueño de fundo interpone su voluntad superior y su interés egocentrista al beneficio de su organización. Para nada le interesa las consecuencias de sus acciones con base en la vida y necesidades de sus partes de interés. Por ejemplo, no le interesa en medida de mejora el estado de un proveedor; no llega a mostrar interés real por ver opciones, alternativas en quienes le brindan un servicio, o materia prima, tan solo vela por el resultado final y ese es su más grande error.

Un proveedor o un contratista, un cliente, el estado de su competencia, o simplemente su personal, todos tienen sus intereses, todos están o son parte en mayor o menor medida de sus procesos. En el corto o largo plazo, cuando no se cumpla con su requerimiento, necesidad o simple interés, se cortará el vínculo y, sin darse cuenta, este dueño potentado quedara solo o en necesidad urgente de cubrir la vacante. En muchos casos he observado que no disponen de organigrama, perfiles de cargo y mucho menos protocolos básicos para establecer criterios de trabajo; es más, lo evita como forma de controlar en mala medida a su gente. Los cargos abarcan un alto abanico de actividades que no siempre están alineadas a las competencias y expectativas iniciales de quien los desempeña.

En una oportunidad, me entrevisté con un encargado de operaciones de una empresa del sector de mantenimiento de jardines y áreas verdes dedicada a trabajos en el mercado público y municipalidades del centro de Santiago. Este encargado, además de las muchas funciones que desempeñaba, controlaba las compras, cotizaciones y gestiones de contratistas, ya estaba esperando se le sumaran otras «nuevas funciones» ya que, como manifestó, «el jefe de calidad se fue a otra empresa».

De ninguna manera, la dedicación a múltiples tareas llevará a un buen desenlace en el cumplimiento de las funciones. ¿Cuál esperaríamos que sea el resultado final?

**Es fundamental entender que cualquiera puede ser un líder capaz.**

Es claro que no se puede ser líder solo por leerlo en alguna buena publicación empresarial; quizás tampoco se nazca, sino que se hace con la experiencia y guía de otro buen líder. La actitud básica de un buen líder se forma mientras se viven condiciones difíciles de las cuales deseamos escapar. Considero que es clave poder volvernos responsables de un proceso en las buenas y las no tan buenas situaciones.

Como base para mejorar la gestión, intenta aplicar las siguientes herramientas de directiva fundamental:

- Mantener una buena comunicación con el personal y obtener sus opiniones y consenso.

- Establecer objetivo claros y alcanzables, y proveer medidas para cambios futuros (dejo en anexos algunas ideas para mejorar tu planificación de cambios y mejora).

- **Involucra, difunde y vuelve a involucrar.**

**Importante:** no siempre un bono es la solución, no siempre una «comida» es la puerta para abrirse como gerencia, a veces «saber escuchar» en las formas que puedas imaginar y adaptar a tu realidad es la única y más sana respuesta. De esta manera, serás un líder activo y productivo, conocido y valorado por quienes requieran de guía y procuren la buena gestión.

## Liderazgo: buscar la mejora continúa para nunca discontinuarla

En anexos les dejo algunos formularios y datos adicionales que pueden ser de mucha utilidad al momento de buscar gestión en normas técnicas. Principalmente un ejemplo de minuta de reunión básico a considerar para coordinaciones, charlas, planificaciones, planes de acción, etc. Esta es una buena evidencia de «demostrar» durante un proceso de auditoría. Un ejemplo de plan de cambios y actividades internas al sistema y uno más de plan de riesgos y oportunidades.

Siguiendo lo ya expuesto, creo que es fundamental destacar la necesidad de mantener especial seguimiento a los desvíos e incumplimientos que interna y externamente se detecten. En las organizaciones que he podido observar, sin excepción, se recibe por parte de su liderazgo el mensaje implícito de que si hay desvíos e incumplimientos o cualquier disconformidad manifestada por alguna parte de interés alguien tiene que «pagar» por ese error que se vuelve imperdonable. Aunque en reiterados casos en asesorías y auditorías se tratan con todas las fuerzas de mostrar lo contrario, es fácil encontrar que el listado de seguimiento de salidas no conformes no cuenta con más de cinco o seis registros de acciones derivadas de no conformidades en el período de un año (ni hablar si buscamos ver acciones preventivas).

¿A qué se debe esta dificultad tan reiterada? Principalmente trata de la cultura generalizada de que un error no tiene remedio; que el trabajador es una máquina que debería entender y aplicar todo lo debido sin complicaciones mayores. No obstante, siempre golpeamos contra paredes de aire que nos muestran que todos por igual aprendemos por procesos y debemos, para una buena gestión, profundizar el liderazgo volcado a la mejora cíclica. Por supuesto que cada puesto debe ser ocupado por técnicos y profesionales con la debida competencia, pero con esa base se debe continuar aprendiendo de la práctica y las pautas internas que sus líderes deben difundir.

En la buena gestión debemos esforzarnos por tener a la persona ideal en el puesto ideal para ella, pero no lograremos nada si no comprendemos la necesidad de fortalecer a ese trabajador con base en un buen direccionamiento y acciones de mejora.

En la primera línea, las acciones correctivas como herramienta permiten al trabajador identificar:

- ¿Qué pasó?

- ¿Por qué? ¿Posibles causas?

- ¿Qué acciones se pueden implementar?

- ¿Quién las implementará?

▶ ¿Cuándo se revisará y comprobará la efectividad?

▶ ¿Y el seguimiento?

Esta es una guía de gestión sencilla y corriente que requiere continuidad, empatía y capacidad crítica. Básicamente un desvío desde la soberbia habitual a un nuevo paradigma de gestión.

Como se describe anteriormente, la acción correctiva buscara tratar los no conformes, es una herramienta técnica clave para difusión interna de la mejora, para coordinación y liderazgo, fundamental para mejorar procesos (se adjunta formulario base en anexo).

Observemos la siguiente imagen:

| INSPECCIÓN DE SEGURIDAD INSTALACIONES | Fecha: abril 2019<br>Revisión: 0.3<br>Páginas: 1 de 1 |
|---|---|
| NOMBRE DEL INSPECTOR: | |
| FECHA DE INSPECCIÓN INSPECCION: 16-03-2020 — INSPECCIÓN PLANIFICADA  SÍ ☐  NO ☐ | FIRMA INSPECTOR |

**1. ÁREA DEL TRABAJO**

| | C.ondición de seguridad a inspeccionar | SÍ | NO | N/A | OBSERVACIONES |
|---|---|---|---|---|---|
| 1.1 | El ingreso al área se encuentra accesible | X | | | |
| 1.2 | Las vías de emergencia se encuentran despejadas y señalizadas | X | | | |
| 1.4 | Existe un orden adecuado de los materiales almacenados | | X | | |
| 1.5 | Las sustancias se encuentran debidamente rotuladas y almacenadas | X | | | |
| 1.7 | Se encuentra limpios los servicios higiénicos | X | | | |
| 1.8 | Los residuos se encuentran segregados y señalizados según corresponde | X | | | |
| 1.9 | La infraestructura de la bodega se encuentra dañada (techumbre, pisos, paredes) | | X | | |
| 1.10 | Exsiten agún tipo de filtraciones. ¿Dónde? (techumbre, baños) | | X | | |
| 1.11 | Las mangueras están correctamente almacenadas | X | | | Se debe mejorar el sistema de almacenamiento |
| 1.12 | El sistema de derrames se encuentra señalizado y efectivo para su uso | | X | | No hay |

Imagen 1

La imagen hace referencia a un listado de inspección de instalaciones de un taller de gran tamaño donde se trabaja sobre grandes transformadores de poder; tienen un sistema integrado desde hace 8 años y lo conforman diversos profesionales, entre los cuales hay cinco prevencionistas de riesgos. Cada mes deben visitar la instalación y dejar registro de lo revisado en el formato de inspección de seguridad adjunto en el formulario de la Imagen 1.

Consideren el ítem 1.12, la ingeniera registra con un «no hay»; no hay sistema de derrames. Al revisarlo pregunto:

- ¿Y?

- Se verá en la próxima visita.

- Y ¿quién estará a cargo de la acción?

- ¿Qué acción?

- La corrección para trabajar sobre lo que falta.

Silencio total es la respuesta.

Esto es un mero ejemplo real de lo que sucede en diversos casos. Para uno u otro proceso se realiza un control, se deja el registro correspondiente y en eso queda el archivo guardado hasta la auditoría.

Es en estos puntos donde dejamos la buena gestión por miedo a mejorar, e indirectamente discontinuamos la gestión de mejora de nuestra organización.

Por favor, reunámonos presencial o virtualmente y hablemos de esta necesidad imperiosa de detectar desvíos y trabajar sobre ello. Pensemos que quizás simplemente lo que requeriremos será una breve inducción o pautar algún protocolo de trabajo breve para unificar criterios. Partiremos de la base de que el líder, la gerencia, el jefe, entenderá y podremos encontrar desvíos o cometerlos, pero con base en ello buscaremos y nos involucraremos para mejorar a través de acciones claras y planificadas.

Son varios factores implicados en este trabajo y se puede aplicar en cualquier reunión de jefatura, supervisión y gerencia.

# Capítulo 3

# El concepto de productividad

*No es suficiente hacer tu mejor esfuerzo; debes saber qué hacer y luego hacer tu mejor esfuerzo*

William Edwards Deming

Con base en cientos de visitas y recorridas a las organizaciones a lo largo y ancho de Chile, me ha llamado poderosamente la atención que el concepto de productividad laboral se imprime como si fuera por fuego con base en cuanto tiempo (horas) **la figura corpórea del trabajador/a está en las instalaciones de la organización.** Cuanta más horas, cuanto más se «dedique a estar» en la empresa, **más productiva es esa persona.**

Quizás (y lo he visto) si recortáramos el trabajo a la mitad y nos «obligáramos» a lograr objetivos realmente necesarios podríamos ser realmente productivos. Esto se dificulta cada vez más en las organizaciones que prestan servicios.

Ejemplo perfecto es cuando la organización atiende la necesidad de la apariencia, pero no prepara a su equipo de trabajo en cuanto a los objetivos de la empresa ni de sus clientes.

El trabajador recibe el calzado, el uniforme, le señalan su escritorio, le indican el horario laboral y los modelos de apariencia y presentación personal. Entretanto, existen un sinfín de peros: «Me pidieron profesionalismo para ingresar a la planta, ni un minuto después de mi hora de entrada, pero sin hora de salida. Me pidieron profesionalismo para tratar bien al personal, cuando a mí y a otros compañeros nos gritaban, trataban con malos modos y nunca se valoraban los logros. Me pidieron profesionalismo al realizar mi trabajo con base en los lineamientos y procedimientos, cuando estos no estaban actualizados, no reflejaban el trabajo real ni las indicaciones mínimas para obtener los resultados que ellos deseaban. Me pidieron profesionalismo al investigar por mí mismo cómo funcionaban los procesos, los instrumentos o cómo se organizaba el historial auditable de los productos, porque los superiores "ya no se acordaban" o "porque se dejó pendiente"». Y así una interminable lista de reparos.

¿Qué conlleva esto? Un ir y venir del personal con poca actitud e iniciativa, sin deseos de participación y opinión, menos capacidad de comunicación en marco al logro de objetivos y mejora. Adicionalmente, es encontrar un sinfín de gente entre pasillos y corredores con papeles en sus manos caminando apresuradamente a la nada. Es exactamente igual en todas las organizaciones, en especial las prestadoras de servicios que ese mismo personal una vez que pasa los tres meses de prueba dedique varias, muchas de sus horas diarias en caminar con actitud apresurada con papeles irrelevantes, vacíos, impresos de cosas ya no requeridas a una oficina para solamente hacer que se hace.

¡Cuidado! Lo mismo se puede apreciar al saturar el escritorio con una gran cantidad de carpetas, biblioratos y expedientes, listas múltiples de e-mail o el repleto del calendario de reuniones del Outlook. Todo para hacerme pensar que a uno se lo requiere, que se es importante. Lo lamentable es cuando revisas un poco lo tratado, lo completado, lo eficiente de tanto esfuerzo y reluce que no es más que humo. No intento indicar con el dedo al personal, son víctimas del sistema que se está implementando, entre procesos y controles innecesarios en un juego de desgaste.

Por favor, presta atención a lo que muestras y planteas, cómo trasmites las requerimientos y expectativas, el logro de objetivos y desempeño, para no caer en una gestión vacía y cruel que no tardará en serte nociva a tus mejores intenciones.

No busco enfatizar la necesidad o la polémica de cuántas horas es requerido o importante trabajar por semana, solo creo necesario que recuerdes lo que realmente quieres lograr, recuerdes que la verdadera buena gestión parte de alejarte de la soberbia innata de creer que todos se deben a tu mundo, y no que tan solo ellos, tus trabajadores, sean del cargo que sean, solo comparten algo (trabajan) para seguir con sus vidas en sus mundos particulares.

**La clave en este desarrollo será que en tu papel de líder del proceso busques incentivar etapas de innovación para el cambio.**

Con falta de planificación y escaso tiempo útil en la realidad de la organización lo primero que se perderá será la capacidad de crear y lograr objetivos en forma adecuada y exitosa por parte de los cerebros internos. Esto con base en el concepto de empresa «viva» irá desmotivando y alienando las áreas y departamentos entre sí.

Es normal en las organizaciones del Cono Sur, por lo mismo te recomiendo evalúes tus reuniones, su enfoque, su duración, su planificación en marco a resultados, buscando que cada esfuerzo se alinee a esos resultados esperados.

Preguntas relevantes:

- ¿Tienes el personal que requieres?

- ¿Tienes claras las pautas de trabajo y objetivos a lograr?

- ¿Estimulas la participación y consulta?

- ¿Estimulas la planificación junto al trabajo, con criterios claros para su seguimiento?

**Importante:** para profundizar mejoras en el modelo productivo interno se deberá buscar fortalecer la capacitación del liderazgo en competencias que habiliten entender la idea de innovación y procesos, y así desarrollar una fuerte voluntad para acometer el «nuevo» sistema organizacional.

Con base en mejoras y oportunidades que se vayan detectando en búsqueda de profundizar la productividad interna, el liderazgo de la organización podría seguir los siguientes parámetros empresariales:

- ▶ ESCUCHAR A LOS QUE HACEN EL TRABAJO DIRECTA-MENTE.

- ▶ Aceptar todo de alguna manera.

- ▶ Comprender la sugerencia real.

- ▶ Profundizar lo sugerido.

- ▶ Buscar desarrollar su propia política.

Una actividad se podría hacer en menos tiempo, ¿realmente requieres que el personal esté nueve o más horas en la oficina? Se ahorra muchos dolores de cabeza y costos asociados al revisar estas sugerencias.

Recuerda que un cambio importante puede significar el teletrabajo en caso de que tus procesos se puedan adaptar a esa modalidad aprobada en el territorio chileno.[3]

## Objetivos intermedios y objetivos mayores

Cuántas veces se observa entre organizaciones que inician el año con objetivos de nuevas iniciativas, lo que se enmarca en un abanico de posibilidades, pero al transcurrir del primer mes todos han olvidado la dirección esperada. Todo porque la gerencia fue la primera en desviar las acciones de sus «palabras». ¿Qué es lo que ha frenado tantas veces la realización de metas y planes acorde a lo planteado inicialmente? Se observa que esto se ha hecho costumbre en la cultura interna, por lo que se recomienda se tenga a bien plantear un plan

---

3 Véase normativa vigente con fecha de marzo de 2020, acorde a decreto supremo de la República de Chile.

de negocio intermedio. Un plan de negocio intermedio para lograr objetivos intermedios que favorezcan evidenciar logros y objetivos, paso a paso.

Imagina plantear a inicio de año un plan de objetivos a corto plazo que te deje en la partida, a posterior revisar el estado y plantear un nuevo plan de trabajo para avanzar, así después de unos meses revisarlo y seguir avanzando paso a paso. En cada intervalo ajustarlo y actualizarlo acorde a acciones, logros y desvíos observados. Un ejemplo real dice: «No logro los objetivos, porque no cumplimos con tal o cual procedimiento de trabajo, necesitamos más gente que trabaje en ese proceso para evitar olvidarlo». ¿De verdad crees que más gente en la operativa de ese proceso puede solucionar mágicamente el incumplimiento?

En 95 % de estos casos, organizaciones medianas y grandes buscan cubrir cargos para «cumplir», sin darse cuenta de que lo harían si mantuvieran seguimiento de sus objetivos a corto plazo.

Un plan intermedio brinda claridad para identificar riesgos y oportunidades[4] trabajando sobre ellas y encontrando una ubicación.

## El arte de saber programar

Hace no mucho hablaba con una empresaria que me solicitó ayuda para organizar a su organización en materia de lograr mejorar y tener una certificación que abriera puertas de nuevos clientes y oportunidades que a la fecha no accedía.

—Perfecto —le dije y comencé a explicarle básicamente qué requería para comenzar.

A los minutos me miraba con cara de perdida y con la cabeza a punto de explotar y me pide parar.

---

4 Véase Capítulo 6 normas ISO 9001, 14001 y 45001, planificaciones de riesgos y oportunidades.

—¿Qué son programas? —preguntó.

Bien, pensé, esto es más grave de lo que parece.

—Donde guardas la información, comunicaciones, etc., con clientes, proveedores, personal.

—En WhatsApp —respondió.

Y así comenzamos un proceso que por momentos fue ágil y por otros lento y tortuoso, ya que no aplicaban más que la voluntad, y como me repitió muchas veces:

—Nos dejamos llevar por la ola.

—Ok —le respondo—, veremos cuánto tiempo nos mantenemos sobre ella.

El programar en forma básica nuestras intenciones, dirección y gestiones internas es una base para saber dónde estamos, qué necesitamos y cómo vamos.

No fue fácil explicar por qué en WhatsApp no se puede mantener toda la información interna, pero se necesita entender que volcar esas comunicaciones a un plan y organizar es urgente para sobrevivir una vez caigan de la ola.

## ÍTEMS GENERALES DE UN PROGRAMA

Al planificar su gestión interna, la organización debe considerar:

a)  se puedan lograr objetivos internos,

b)  aumentar los efectos deseables;

c)  prevenir o reducir efectos no deseados;

d)  lograr la mejora en sus procesos.

Por lo siguiente, esto debe encontrarse reflejado en la planilla de seguimiento:

a) ¿qué se va a hacer?

b) qué recursos se requerirán;

c) quién será responsable;

d) cuándo se finalizará;

e) cómo se evaluarán los resultados.

En fin, definir un plan por etapas entrelazadas que conduzca desde el estado actual hasta el punto donde se esté listo para comenzar con una estrategia y logro general de objetivos. Al final del caso todo redunda en costos, ganancias y logro de objetivos. **Pero, por favor, ¡procura buscar la buena gestión!**

# Capítulo 4

# Conceptos y requerimientos necesarios. El cómo lo determinas tú

*Haz lo que puedas, con lo que tengas, donde estés.*

Theodore Roosevelt

En vista de lo revisado en capítulos previos, pretendo describir en breves referencias aspectos base de lo requerido en normas ISO, específicamente lo requerido en capítulos de la ISO 9001 en su versión 2015, igual que para la ISO 14001 y la ISO 45001 versión del año 2018.

Las anteriores son normas de gran importancia para un sinfín de organizaciones en todo el mundo y basan su enfoque en mejorar gestión. Mejorar la buena gestión con base en tres enfoques bien diferenciados.

La ISO 9001.2015 enfoca sus esfuerzos en mejora de la calidad de gestión de los procesos, calidad en el resultado final; enfoca sus esfuerzos en cooperar en el cumplimiento de pautas básicas para lograr procesos que, gestionados adecuadamente logren su mejora continua y eventualmente certificarse.

La ISO 14001.2015 basa sus esfuerzos en procurar el cumplimiento de sus requerimientos para cubrir demandas de acuerdo con procesos vinculados al cuidado y resguardo del medio ambiente. Igual la ISO 45001.2018 buscará reforzar la mejora de procesos vinculados a la seguridad y la salud laboral de esos procesos y personal de las organizaciones y otras partes de interés.

Después de varios años de cambios, ajustes y revisiones, estas se van alineando a una estructura de alto nivel, donde cada capítulo procuraría ser integrado de una norma a otra (salvo pequeñas pero significativas diferencias). La estructura de alto nivel como se refiere la ISO consta de diez capítulos, donde desde el Capítulo 4 se consideran los requerimientos auditables, como directrices de implantación.

Estructura de alto nivel (vista general para normas ISO):

1.  Objeto y campo de aplicación.

2.  Referencias normativas.

3.  Términos y definiciones.

4.  Contexto de la organización.

5.  Liderazgo y participación de los trabajadores.

6.  Planificación.

7.  Apoyo.

8.  Operación.

9.  Evaluación del desempeño.

10. Mejora.

Pasemos a revisar juntos los requerimientos, normativas y sugerencias prácticas que pueden ser de utilidad al momento de «traducir» lo descrito en las normas de referencia.

Como se describió anteriormente, es desde el Capítulo 4 «Contexto de la organización» que se dan directrices para implementar el sistema de gestión.

Paso a destacar requerimientos más particulares de las normas de referencia.

# Requerimientos generales

## Contexto de la organización

1. Comprensión de la organización y de su contexto.[5]

2. Comprensión de las necesidades y expectativas de las partes interesadas.

3. Determinación del alcance del sistema de gestión de la calidad.

4. Sistema de gestión de la calidad y sus procesos...

La organización creará a su medida la estructura basada en estos requerimientos base, que en cada auditoría y revisión externa se medirán y expondrán a la observación del auditor.

Se deberá a partir de la base de pensar ¿dónde estoy como organización? ¿Hacia dónde quiero ir como tal? Esto según las acciones que en el hoy estoy apoyando para recorrer el camino interno.

Pero también debo tratar de entender ¿dónde estoy inserto como organización? Y qué requiere ese entorno con base en su participación en mis procesos (vinculados a calidad, medio ambiente y seguridad y salud).

Si se pretende trabajar en un sistema cada vez más integrado en gestión de nuestras organizaciones, como requerimiento inicial

---

5 Se anexa ejemplos de FODA y listado de partes de interés.

la organización debe volver su visión en atender y ocuparse en conocer dónde está posicionada y estado actual en el mercado local, regional, nacional e internacional (si corresponde). Quiénes tienen interés en ella, en sus procesos internos y externos, en sus servicios y/o productos finales, quiénes requieren ciertos tiempos de respuesta, negociaciones y, por qué no, hasta explicaciones. Todo vale para entender dónde se está posicionado y hacia dónde se desea y se requiere ir. El cómo explicarlo requiere de enfoques en procesos internos y externos y las relaciones según este entorno.

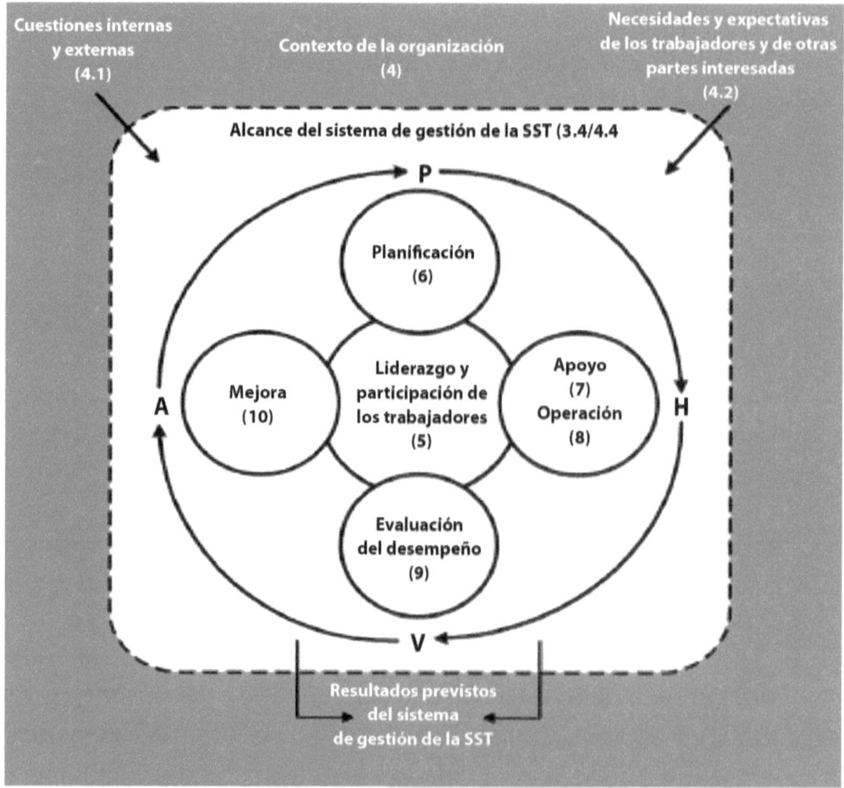



Imagen 1

Puede servir diagramar la organización en un gráfico circular y volcar en su entorno o en su interior los diversos grupos que tienen interés en «tus asuntos». Revisa el siguiente gráfico:

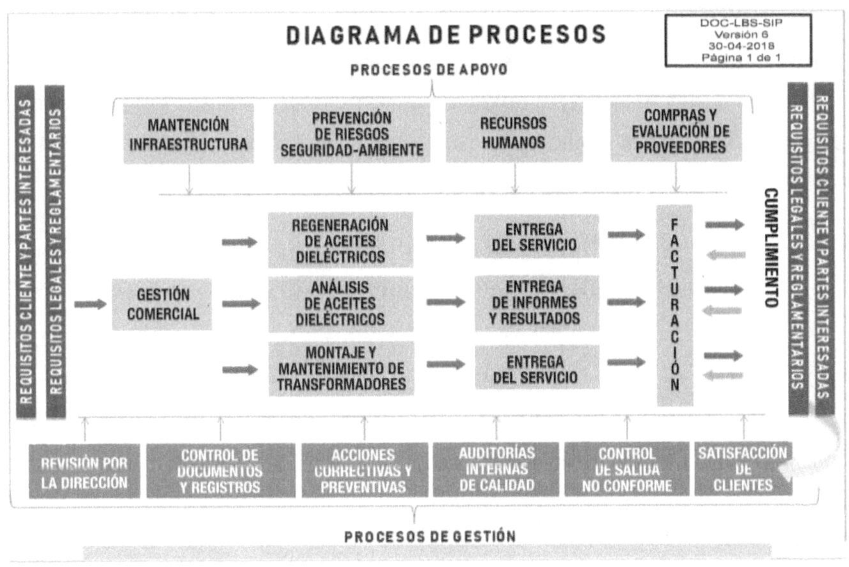

Imagen 2

Procura definir un mapa de procesos de la organización y una vez definido extiende el gráfico al entorno general que encierra las actividades.

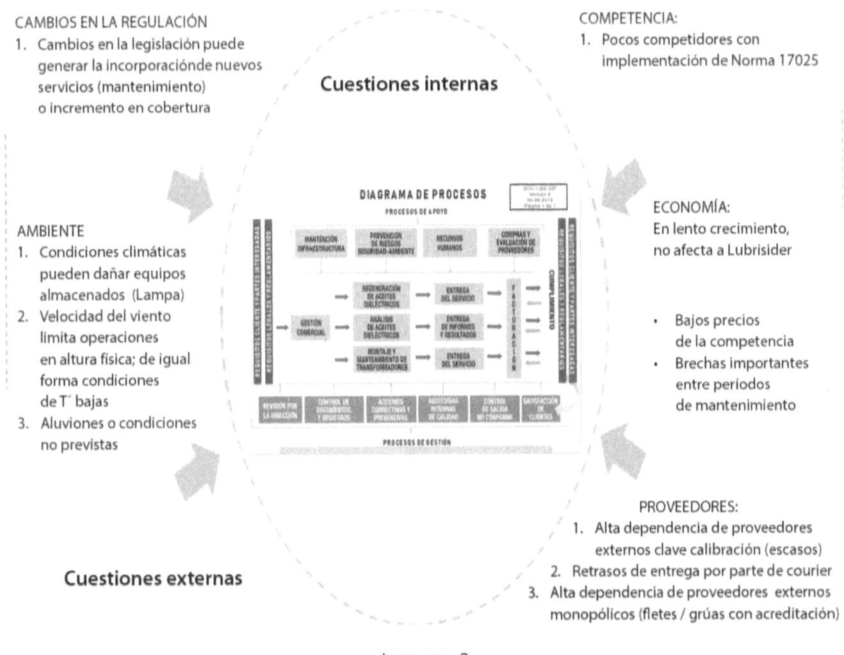


Imagen 3

Si somos capaces de entender dónde estamos y quiénes tienen interés en nuestros asuntos, podremos enfocarnos en un concepto más integral de nuestra gestión, evitando el tan terrible concepto egocéntrico que a toda costa se debe evitar como líderes y organizaciones.

Se sugiere que, junto con graficar el análisis, se liste a estas partes de interés y analices sus requerimientos y necesidades junto a líneas de comunicación y respuesta a cada una de las partes de interés identificadas. Por ejemplo, si se trabaja en gestión integrada, agrega al análisis una lista donde sea fácil identificar qué requiere cada parte con relación al medio ambiente, a seguridad y medidas de resguardo igual que en temas de calidad (véase anexo Análisis partes de interés). Un PESTEL te puede ser de utilidad igual que un análisis FODA, estas son buenas herramientas que sobresalen entre las opciones más utilizadas en las organizaciones de Chile.

Es importante que se entienda y defina de la mejor manera que sea posible los criterios para que se unifique su uso y herramienta. Claro que siempre podrá haber sugerencias y propuestas una vez que se someta a las auditorías externas, pero no puedes ocuparte de cubrir cada expectativa posible, ya que estas pueden variar de mil maneras acorde a la persona que realice la inspección.

Lo más saludable es ocuparte en que te sirva a ti y a tu organización.

Por favor ten en cuenta de que para cada norma el enfoque va teniendo algo particular a su foco. Por ejemplo, para calidad nos enfocamos en grupos de interés que pueden afectar o verse afectados (impactados en ese tema, calidad de procesos, resultados, etc.), para medio ambiente la Seremi Salud puede fiscalizar bodegas, líneas de producción, manipulación de sustancias, etc., para seguridad me preocupa que mis trabajadores (parte de interés interna) tengan líneas de participación y respuesta.

En el listado del Anexo se verá una forma pero solo como sugerencia que puede ser útil, y junto con la realidad se potenciará el cumplimiento del requerimiento normativo.

Importante, creo firmemente que esta directriz descrita en el Capítulo 4 no tiene más fin que ir enfocando las normativas a potenciar el negocio, profundizar su conocimiento y desarrollo como órgano vivo, y eso mismo es lo que siempre sugiero se promueva entre los procesos de certificación y auditoría. Imagina que las partes y grupos de interés de hoy pueden cambiar y mover su atención a otros nuevos en cuestión de meses, nunca habrá algo en este concepto que no cambie, se modifique o reestructure el enfoque.

Sigamos con el siguiente requerimiento.

# Liderazgo

1. Liderazgo y compromiso.

2. Enfoque al cliente.

3. Establecimiento de la política de la calidad.

4. Comunicación de la política de la calidad.

5. Roles, responsabilidades y autoridades en la organización

¿Cuál es su grado de enfoque al cliente? ¿Sabe quién es? ¿Lo ha identificado como parte de interés?

De acuerdo con su propósito como organización, se redacta la Política de calidad o Política integrada (si tienes más de una norma en tu sistema).

La debes difundir (comunicar) a las partes de interés: en cartelería, en la web corporativa, en charlas de inducción, en propuestas comerciales, etc., las vías y formas quedan abiertas al «cómo» determinen.

Asociado al alcance y procesos de la organización debes recordar disponer de perfiles de cargo y roles basados en el grado de responsabilidad que esperas destinar a tu personal y procesos internos.

Si tienes claro el enfoque a tu cliente o clientes, podrás tener claro los roles y responsabilidades necesario en tu organigrama corporativo.

**«Liderazgo»,** nuevo capítulo en estas normas, pero viejo problema a tratar y esforzarse por mejorar. En estas normativas de gestión integrada se ve la necesidad de que sea el líder el que siempre demuestre un mínimo de atención a su deseo de mejora de la gestión.

Requerimiento 5.1, la política debe ir acompañando la declaración de misión y visión de la organización. En esta puedes declarar intenciones, deseos de cumplimiento legal y reglamentario, expectativas en marco al cuidado del medio ambiente y seguridad y resguardo del personal sin importar cargo y responsabilidades. Se declara la búsqueda continua de mejora y continuidad de buenas prácticas de gestión que potencien los resultados esperados.

Véase el siguiente ejemplo (se han omitido referencias de organización):

## POLÍTICA DE GESTIÓN INTEGRADA

**xxxxxxxxxxxxxxxx** es una empresa dedicada al servicio de xxxxxxxxxxxxxxxxxxxxxxxxxxxxxx.

Nuestra meta es la prestación de servicios de excelencia que agreguen valor a los negocios de nuestros clientes y la búsqueda permanente de su completa satisfacción por medio del cumplimiento integral de los requerimientos y necesidades establecidas por ellos en cada uno de sus proyectos. Es para nosotros la primera y más alta prioridad el ser humano, de modo que, simultáneamente, es nuestro objetivo que durante el desarrollo de los servicios nuestros trabajadores y colaboradores se desempeñen en forma totalmente segura comprometiéndonos con la prevención de lesiones y enfermedades, el cumplimiento de los requisitos legales y con el cuidado y la prevención de la contaminación del entorno ambiental donde realizamos nuestras actividades.

Nuestra propuesta es la mejora continua de nuestro Sistema de Gestión Integrado mediante el liderazgo y compromiso con nuestros procesos, productos y servicios, para lo cual contamos con colaboradores y personal técnico calificado y procesos controlados.

XXXX
Gerente General

La política es una formalidad para muchas organizaciones y para el que desea embarcarse en gestión, esta será el puntapié para iniciar el trayecto definido. Requerirá que esté firmada por Gerencia general o Director/a, se defina una versión inicial y fecha de aprobación como forma de control de la declaración.

Se deberá difundir entre todas las partes de interés interno (el personal) y grupos externos acorde a lo que se analizó en el requerimiento anterior.

¿Cómo? Puede ser a través de la web. Se sube a la página corporativa. En caso de intranet se sube en esa plataforma u otra. Si se emiten cotizaciones se puede enviar en esa propuesta; si se tienen carpetas de faena o fichas técnicas que se entregan a clientes o contratistas, por esas se emite.

Recuerda que la norma dice compromiso: tú das la forma y lo evidencias como te sea de mayor utilidad a tu entorno y realidad.

Junto con difundir a las partes de interés se debe buscar evidenciar si la misma se ha llegado a entender, lo que no es nada fácil si por parte del liderazgo de la organización se dice una cosa, pero en realidad sus acciones indican otra. Como sugerencia se puede consultar en auditorías internas o en forma aleatoria. Se pueden enviar encuestas por la intranet, o evaluarlo durante análisis de desempeño anual o entrevistas de supervisión. Cada uno ve la forma, pero recuerda evidenciar algún mecanismo y dejar registro de ello.

**Requerimientos, roles y responsabilidades**: para ir determinando el grado de cumplimiento, se sugiere lo siguiente: dispone de perfiles de cargo o descriptores que unifiquen criterios y alineen responsables para cada cargo del organigrama general; procura tener perfiles generales que alineen y organicen tu estructura en responsabilidades claras en cada requerimiento normativo que se quiera gestionar.

Revisa el siguiente ejemplo:

# PERFIL DE RESPONSABILIDAD Y DESCRIPCIÓN DE CARGO

## I. Identificación de cargo

**Cargo:** Jefe de área de licitaciones

**Departamento:** Licitaciones

**Supervisión recibida:** Gerente general

**Supervisión ejercida:** encargado de licitaciones

**Relación con otras áreas:** Todas aplicables

## II. Objetivo principal del cargo

- Planificar, coordinar y supervisar las actividades relacionadas al área de licitaciones, contribuyendo al mejoramiento continuo, con el fin de mantener y mejorar la gestión, conforme a los estándares de calidad de la empresa y permitiendo optimizar la toma de decisiones.

- Deberá efectuar actividades de revisión, análisis y coordinación de los procesos de licitaciones, asegurando que estos se desarrollen dentro del marco legal establecido, permitiendo así la correcta prestación del servicio solicitado por el cliente.

## III. Responsabilidades

- Responsable de revisar, elaborar y/o entregar licitaciones de clientes nuevos y antiguos, manteniendo y mejorando la calidad de servicio de la empresa.

- Responsable de mantener a la gerencia general al tanto del estado de los negocios que se están generando en el área, logrando una visión global de las ventas de la empresa.

- ▶ Mantener los sistemas de información al día.

- ▶ Cumplimiento de plazos y objetivos del área.

- ▶ Cumplimiento de plazos para licitaciones y entrega de documentación.

- ▶ Responsable de entregar soporte a las operaciones en terreno para la adquisición de materiales o arriendos de maquinarias necesarias para el adecuado funcionamiento de las faenas adjudicada.

- ▶ Cumplir con objetivos y normas establecidas a través del reglamento interno de la empresa.

## IV. Funciones principales

- ▶ Elaborar, completar, optimizar y revisar propuestas para licitaciones de los clientes de la empresa.

- ▶ Trato con clientes.

- ▶ Apoyo en ingreso de nuevos proveedores al área técnica.

- ▶ Solicitud de cotizaciones de servicios externos que apoyen a la correcta realización de los proyectos.

- ▶ Cumplimiento de los objetivos fijados para el área.

## V. Funciones específicas relativas al sistema de gestión integrado

- ▶ Elaborar, con la colaboración del departamento de prevención, los procedimientos e instrucciones operativas de trabajo seguro, que afecten a su área de actuación.

- Asegurar que los empleados bajo su responsabilidad conozcan, entiendan y apliquen correctamente los procedimientos e instrucciones operativas del sistema de gestión integrado.

- Determinar, en coordinación con el responsable de área, el método y procedimiento de trabajo a emplear en cada una de las tareas o maniobras.

- Responsabilizarse de que los operarios a sus órdenes están al corriente de los métodos o procedimientos de trabajo.

- Participar en la evaluación permanente de los riesgos y aspectos ambientales.

- Realizar la previsión de equipos, herramientas y material de seguridad necesarios para la realización de los trabajos de la forma más segura, así como verificar su disponibilidad y correcto estado de uso.

- Comunicar *in situ* a sus operarios, de manera previa al inicio de la actividad, el método de procedimientos de trabajo a emplear, así como los riesgos y medidas preventivas en los puestos de trabajo y verificar el cumplimiento de las normas de seguridad y ambientales aplicables.

- Asegurar que el personal a su cargo tiene la formación apropiada en el conocimiento de su trabajo, riesgos y protecciones y manejo de los aspectos ambientales relacionados.

- Garantizar el óptimo estado de orden y limpieza de la zona de trabajo.

- Administrar el mantenimiento de los equipos e instalaciones.

## VI. Condiciones de trabajo

- Trabajo en oficina central ubicada en Santiago.

▶ Trabajo en terreno con clientes y proveedores, a lo largo del país.

## VII. Especificaciones del cargo

### Educación: requerimientos académicos:

▶ Grado técnico o universitario en electricidad o afín.

### Experiencia:

▶ Trato con clientes, superior a 3 años.

▶ Ejecución de licitaciones públicas y privadas.

▶ Experiencia en liderar equipos.

### Requisitos para el cargo:

▶ Conocimientos acabados del rubro de la empresa.

▶ Deseables nociones de la Normativa de Gestión de Calidad ISO-9001, Gestión Medioambiental ISO 14001 y Gestión de Seguridad y Salud ISO 45001.

Es fundamental que el cargo alinee descripción al aspecto ambiental o de seguridad que interese, si la persona va a trabajar en el manejo de sustancias peligrosas o deberá ser un monitor de emergencias, en su perfil y descripción correspondiente se deberá describir la responsabilidad, rol y competencia pertinente.

Recuerda declarar que tal o cual formación o estudio es deseable o es requerido, esto brinda libertad con base en que quizás en un futuro próximo se puede extender la competencia correspondiente al trabajador/a.

Lo más significativo de esta directriz es que se difunda entre el personal afectado al cargo el perfil correspondiente.

En marco a esta directriz para la ISO 45001 se agrega un requerimiento adicional, el liderazgo de gestión debe procurar que se estimule la participación y consulta del personal interno.

## Requerimientos del Capítulo 6

### Planificación

1.   Acciones para abordar riesgos y oportunidades.

2.   Objetivos de la calidad y planificación para lograrlos.

3.   Planificación de los cambios.


**Planificación:** requerimiento fundamental para una buena gestión. Como se describió anteriormente para el buen líder, el buen proceso tiene base en una buena planificación. No sucede de una vez en forma aleatoria, es un todo integrado que favorece el logro de objetivos y resultados favorables.

Es triste ver diversas empresas en el gran espectro del abanico de organizaciones en Chile que buscan lograr buenas ventas de su producto luchando contra viento y marea sin una planificación clara. En este punto la norma requiere planificar, dedicar en tiempos pensados unos minutos en registrar un plan detallado de cómo se buscará el logro de tal o cual objetivo.

Es habitual encontrar organizaciones que mantienen dos o más planificaciones (varias falsas e irreales), solo con el fin de mostrar o evidenciar en diferentes instancias de auditoría, una para la ISO, otra para proveedores, otra para clientes, otra para directorio y accionistas. ¿Por qué no centrarse en una real y útil para todas las partes interesadas? Las normas de gestión de ninguna manera buscarán separar las cosas, si bien el auditor muchas veces comete el error de separar al negocio de las exigencias normativas. Esto no es lo que se debe considerar. Trabaja bajo el concepto de **«planifica, luego existe».**

¿Qué planificar? Planificar acciones responsables, tiempos y recursos junto a una metodología para lograr objetivos. Planifica cómo seguir cumpliendo requerimientos de proveedores, contrapartes y reglamentaciones legales; piensa cómo te enfrentarás a nuevos desafíos y cambios ya identificados.

Siempre busca tener claro hacia dónde quieres ir, con qué metodología y bajo qué roles y responsabilidades, evidenciando el proceso la frecuencia de seguimiento. Imagina cuánta planificación requerirás si trabajas en seguridad. Recuerda siempre actualizar tu plan de seguridad y salud a la faena en particular que iniciarás este mes o el siguiente. Es una pena cuando se revisa una planificación de un proyecto en particular y se aprecia que quien aprueba el análisis es de un cargo ajeno a la actividad, y la fecha de aprobación corresponde a seis meses antes de tan solo saber que se iba a trabajar con ese cliente.

Algo nuevo en la base de requerimientos de versiones 2015 de la 9001 y la 14001 y versión 2018 de la ISO 45001 es tener un plan o incorporar al plan de trabajo organizacional de riesgos y oportunidades; esto es básico en ver y buscar y conocer tu organización como un todo integral, enfoque necesario para lograr objetivos.

Si uno se fija qué requiere la ISO, busca que te enfoques en tu negocio y lo pienses para mejorar continuamente tus resultados. De otra manera, te distancias de lo que puedes lograr y solo tendrás migajas de lo realmente probable.

Una buena herramienta para posteriores planificaciones es guardar actas de reuniones gerenciales o de jefaturas. Me ha sorprendido grandemente cómo las reuniones son el logro de un objetivo. Se considera que cuantas más reuniones se tiene en una organización, más «importante es», sin ver que la reunión es un resultado registrado que sirve como insumo de toma de decisiones y para «planes de trabajo», y nada más. Lamento informar que más del 65 % del tiempo que uno pasa en una organización que no se ha habituado a planificar es tiempo vacío.

Dejo en Anexos algunas matrices de ideas que pueden servir de guía para planificar cambios, riesgos y oportunidades.

# Recursos

## Las normas nos refieren a los siguientes requerimientos bases a considerar:

- Recursos

- Personas

- Infraestructura

- Ambiente para la operación de los procesos

- Recursos de seguimiento y medición

- Competencia

- Toma de conciencia

- Comunicación

- Información documentada. Generalidades. Creación y actualización. Control de la información documentada

## Apoyo y soporte

En un sistema de gestión, las cosas están o deben siempre estar integradas unas con otras. La necesidad de recursos y apoyo a los procesos está alineada a perfiles, planificación, entendimiento de objetivos y requerimientos externos por partes de interés; debe ser visto íntegramente por todos o se estará condenado al ciclo de la burocracia y fosos sin fondo que tan habituales encontramos en organizaciones locales.

Para optimizar la disposición de recursos y soporte interno ante nuevos proyectos o cambios en el alcance de otros ya en proceso, pregúntate lo siguiente:

¿Qué recursos se necesitan?

¿Se dispone del personal adecuado para tal o cuál área?

¿Es requerido un equipo nuevo?

¿Es parte de un diseño para una nueva faena?

¿Por cuánto tiempo?

Si hubiera cambios a trabajos ya en proceso, podrías considerar:

¿Está todo dentro de lo planificado, contratado o licitado inicialmente?

¿Han surgido cambios?

Entonces deja evidencia del análisis, deja claro la dirección y recursos que merecen una atención ante cambios y o inicio de nuevos trabajos.

Las normas de referencia en esta etapa requieren que te enfoques en lo siguiente:

¿Tu equipo de trabajo tiene competencias para la tarea asignada o requiere entrenamiento adicional? Ver que tanto en ISO 9001, 14001 o la nueva ISO 45001, se cumpla con tener evidencia de una planificación de capacitaciones internas y externas; da lo mismo si las mismas favorecen el que el equipo sepa cómo hacer un buen trabajo.

Volvemos a lo anterior, planificar capacitaciones acordes a los requerimientos que has evaluado es necesario para una buena labor, acortando las brechas existentes entre «el querer y el poder hacer».

Para que este requerimiento sea completo se necesita en forma adicional cumplir con dos puntos clave: primero fortalecer la comunicación interna y la externa. Determina las vías de comunicación y participación, entre trabajadores, con supervisión y jefatura.

¿Existe un comité paritario? ¿Cómo interactúan y cómo se conforma? ¿Las actas se mantienen en seguimiento y son representación de un liderazgo activo?

Todo eso es parte de la comunicación interna y representan fácilmente si el líder de la organización es parte o no del sistema de gestión.

¿Existe una o varias carteleras murales en zonas visibles?

¿Se les presta atención?

Estas preguntas pueden servir como ejercicio interno a modo de definir un mejor grado de comunicación interna. Ni qué hablar si tienen intranet corporativa, esta te puede ser una excelente aliada para difusión interna. La web o la misma intranet pueden facilitar la evidencia de que te preocupas y ocupas en comunicar tu política y otros requerimientos a partes de interés externas.

¿Qué se difundirá? ¿Cuándo? ¿Cómo? ¿Y quién será parte del proceso? Son los aspectos relevantes que deberás definir.

**Información documentada:** hace no mucho en una organización se me preguntó con expresión de duda: qué raro que no me preocupara por agregar o referir a códigos de referencia de documento tal o cual. Simplemente tomé la norma y leí párrafo a párrafo lo que refería con base en la calidad, el medio ambiente y la seguridad en torno a la información documentada. Abrían los ojos y no podían creer lo que les mostraba, no requieren códigos, «si quieren se los puedo agregar» les dije. No se asusten, que las cosas son más sencillas de lo que es enseñado en tradiciones locales. Suspiraron y seguimos trabajando por seis meses más para cerrar el proceso con una exitosa certificación.

Es impresionante lo que he visto en las organizaciones , cómo se usa el miedo para sofocar esperanzas de lograr mejorar. Se satura el mercado con ideas y subideas de lo que debe o no tener un sistema en cuanto a documentación. Para la norma en las últimas versiones se debe tener evidencia de información documentada, en el formato válido por tu organización, a nadie le debe importar cómo documenta el vecino, sino cómo y cuánto necesitan los procesos.

Si una foto o video es evidencia de una actividad un simulacro, una acción correctora, etc., y así lo determinas con un criterio unificado. ¡Perfecto!

Recuerda enfocar tus esfuerzos en tu negocio y adaptar la norma a tu negocio y necesidades y no lo contrario.

# Operaciones

En un enfoque integrado nos importa listar para conocer requerimiento de compras y gestión de subcontratos. Los proveedores, contratistas y subcontratistas son partes de interés que debes aprender a identificar junto a requerimientos que debes procurar satisfacer y responder en forma adecuada.

Por supuesto que solo tú y tu organización sabrán responder a esto y organizar las primeras líneas de respuesta y atención a cambios que puedan surgir a cada caso.

Pero sustancialmente deberás saber quiénes son, qué requieren, en qué etapa de tus proyectos aparecen o requieres, y cómo se han desempeñado.

Esto último es muy significativo para que te sea útil a nivel de gestión, debes procurar disponer de proveedores aceptados por tus equipos de trabajo, buscando a través de estadios planificados de evaluación (quizás por cada semestre) e ir evaluando cómo se han desempeñado y han respondido a tus exigencias y procesos.

¿Qué te interesa como requerimiento? Respuesta en tiempo, buenos o mejores precios, respuesta postventa, mantenimiento, rapidez en gestión de cambios.

¿Cumplen con especificaciones medioambientales o de seguridad?

Todo tiene referencia a tu sistema. Lista tus requerimientos, los evaluás, los medís en un tiempo planificado y los vuelves a revisar al cabo de un tiempo.

Si tienes contratistas, con base en contratos de larga duración o breves períodos de tiempo, requerirás evaluarlos, quizás en tiempos más breves, con enfoques diversos, acorde con las tareas o roles esperados. Si lo ves desde seguridad y salud, tu atención en este tema va a dirigirse a tus equipos de trabajo y a los equipos operativos que están bajo estos subcontratos y contratistas, todos sus procesos pasan a ser tus procesos y sus equipos de trabajo, tus equipos de trabajo.

¿Cómo? Tiene un accidente, participa en la investigación. Requieren difusiones e inducciones, participa en ellas. Analizan peligros y evalúan riesgos, participa en ellos.

Si observas la necesidad de hacer auditorías de sus procesos tenlo presente y coordínalo con ellos. Recuerda, tu atención con respecto a requerimientos legales, reglamentarios, normas técnicas y otros tendrán alcance a nivel de tus procesos y los de ellos incluido. Esto es parte de tu liderazgo de acuerdo con tu papel en la organización, lo cual se tendrá en cuenta en procesos de auditoría, pero sobre todo tu personal lo está viendo; ve acciones y no palabras y eso es lo que motivará a una buena y mejor gestión de los involucrados.

# Capítulo 5

# Las «temibles» auditorías

*Si no sabes cómo hacer la pregunta correcta,*
*no descubres nada.*

William Edwards Deming

Por los capítulos de mejora y evaluación del desempeño quiero referirme especialmente al proceso de auditoría, con especial enfoque en las externas. Sin desmerecer el proceso interno, creo que es fundamental dejar algunas consideraciones en perspectiva a lo que es, debe ser y lo que se espera de esta.

El contar con auditorías es necesariamente un requerimiento normativo (en caso de auditoría interna) sea la norma que sea. Según lo referenciado, todas requieren una instancia interna, y a posterior (si fuese el deseo de la organización) una instancia a realizarse por organismo certificador.

Cada año deberán coordinar la instancia con el organismo que has seleccionado; el enfoque, la duración y los auditores/as que te visiten pueden variar, pero el sentido y enfoque podrán ser lo mismo o no.

Si partimos de que las normas tienen el fin de unificar criterios y validar formas con base de requerimientos de nivel internacional, los procesos de auditoría deberían tener el mismo sentido. Pero como en todo donde participan humanos, puede variar y mucho.

Las auditorías deben ser tomadas como una herramienta, pero quienes son parte de esta jamás deberían olvidar que no son parte de la inquisición sino de una organización que trabaja para otra, que requiere de sus servicios. El proceso debería ser ameno, ágil y con un enfoque a la mejora como corresponde a todo proceso de un sistema de gestión.

**Importante:** tienes que buscar un organismo certificador que tenga los mismos parámetros y formas de trabajo que se está procurando incorporar a los procesos y equipos de trabajo. Por lo mismo, sugiero revisar las alternativas a través del INN (Instituto Nacional de Normalización),[6] y se verán alternativas de lo más variado en marco a certificadoras.

¿Por qué hago la referencia? Si bien las normas son únicas a nivel internacional, el ser auditado y la experiencia resultante dependerá bastante de cómo sea tratada cada etapa, revisión y entrevista correspondiente por el auditor/a que visite.

Es impresionante la solemnidad y lo burocrático del proceso de muchos auditores enviados por los organismos. En muchos casos, parecen más fiscalizadores gubernamentales (de alguna SEREMI) que auditores de normas que enfocan sus esfuerzos en la mejora continua. Su enfoque no debería ser correspondido a si agregaste la palabra «integrado» o no como mera formalidad, si en la explicación y enfoque se entiende el sistema que tienes es integrado en el concepto y en las evidencias.

A veces guían a la organización a descreer de la mejora continua que debería acompañar todo el concepto de la herramienta auditora.

En mi opinión, acompañada por varios años de asesoría y auditoría, la primera instancia de auditoría externa no debería ser acompañada por tantas no conformidades, sino buscar por el auditor/a acompañar la revisión y evidencias con más oportunidades de mejora y observaciones que estimulen la mejora a futuro año. Las no conformidades se entienden como algo nocivo, frustrante, trabajo mal

---

6 INN, www.inn.cl.

hecho (cuando se deberían de señalar como desvíos para la mejora). Esto en demasiados casos es resultado del proceder inadecuado de quien explica la auditoría y su desarrollo.

Veamos un ejemplo real: «¿La política no está en la web?», pregunta el auditor. «Se difunde a través de inducciones, carteleras y en carpetas de faena. Las partes de interés externas las pueden ver en esas carpetas, y en la oficina la ven en carteleras», responde la contraparte de la organización. «Ah, no, debe estar en la web; es marcado como una no conformidad», responde el auditor.

Este es un ejemplo básico y habitual; ¿quién dice que la web es requerida por norma como sistema de difusión de su política, la costumbre del auditor? Si los mecanismos actuales de la organización que hace seis meses trabajan en las normas que quiere certificar le son apropiados, por supuesto puede sugerir agregarla en la web, pero el no tenerla no necesariamente corresponde a un incumplimiento.

**Importante:** tanto a nivel interno como externo el auditor/a tendrá como referencias para evidenciar tres aspectos:

▶ Los requerimientos legales y reglamentarios que afectan a la organización;

▶ Los requerimientos normativos referenciados por las normas ISO a certificar; y,

▶ Los requerimientos internos establecidos en documentos y registros propios.

Así que muy necesario será no agregar cosas en tu información documentada que pueda condicionarte a no disponer las evidencias que dices tener. Dejo en Anexos una muestra de un plan de auditoría y forma de informe que a nivel interno puede ser de utilidad. Claro que se debe enfocar en tus necesidades, procesos y tamaño de la organización para transpolar esta experiencia a la realidad. **Con base en lo anterior se debe tener presente como registros básicos**

**y fundamentales cuatro evidencias a guardar y difundir durante el proceso:**

Primero, el **plan de auditoría** (se adjunta una muestra tipo). Habrá que enviarlo en tiempos planificados en **programa de auditorías** y descritos en procedimiento de auditoría interna u otra información documentada.

Segundo, una vez sea realizada la auditoría acorde a lo descrito en el plan correspondiente, se deberá recibir quien registró la auditoría (interna y externa); **informe** que tendrá referencias a los hallazgos con base en normas trabajadas y aspectos reglamentarios revisados y considerados durante el proceso.

Tercero, **acciones correctivas** resultantes para tratar los hallazgos registrados en el informe. Estas acciones (depende de lo que se describa en procedimiento de auditoría) se basan en tratar la raíz del desvío acorde a lo identificado en no conformidades y u observaciones detectadas.

**Lo esencial en este requerimiento corresponderá** a guardar estas evidencias que sin lugar a duda se revisarán en auditoría interna y externa, así como buscar difundir entre responsables e integrantes de cada área de trabajo de la organización los intereses particulares y objetivos internos según este proceso. Será una buena fuente de opiniones, revisión e ingeniería interna en el proceso anterior a la auditoría y posterior a ese proceso.[7]

## La importancia de salir de la «contemplación»

**Según lo que describe el ítem 3.1 auditoría**[8] proceso sistemático, independiente y documentado para obtener evidencia objetiva (3.8) y evaluarla objetivamente para determinar en qué medida se cumplen los criterios de auditoría.

---

7 En Anexos se listan consultoras especializadas en implantación y auditorías de normas técnicas

8 Véase norma ISO 19011.2018

(3.7) **Nota 1:** las auditorías internas, a veces llamadas auditorías de primera parte, son realizadas por, o en nombre de, la propia organización.

**Nota 2:** Las auditorías externas incluyen aquellas generalmente llamadas auditorías de segunda y tercera parte. Las auditorías de segunda parte se llevan a cabo por las partes que tienen un interés en la organización, como los clientes, o por otras personas en su nombre. Las auditorías de tercera parte son llevadas a cabo por organizaciones de auditoría independientes, como aquellas que proporcionan certificación/registro de conformidad o agencias gubernamentales.

La auditoría interna es coordinada por la propia organización, que cumple con un requerimiento establecido en directrices ISO, por ejemplo, la ISO 9001.2015 directrices para implantar sistemas de gestión (véase Capítulo 9. Evaluación del desempeño).

Al implantar un sistema de gestión, contar con por lo menos una instancia de auditoría interna corresponderá a unos de los ítems y requerimientos a evidenciar en el proceso.

Técnicamente es una herramienta más de evaluación del desempeño lo que si se aplica de manera adecuada cooperará con el cubrir brechas y desvíos antes de que se noten externamente.

Por lo mismo, el cumplir con la norma existente de imparcialidad y objetividad de quien realiza y participa o participan en el proceso ayudará a que se evalúen los procesos con un ojo distinto al que realiza la actividad en el día a día.

En mis varios años de auditoría he podido disfrutar de varios tipos de preparaciones, muchas han sido las organizaciones que esperan al último momento para hacerlas, ya sea porque no las ven necesarias o tan solo porque no saben de qué se trata.

Recuerdo que cuando joven, y recién terminada mi formación en auditoría de calidad, inicié junto a otros dos colegas la prestación de servicios de consultoría y auditorías. No demoramos mucho en tener nuestro primer cliente, que fue una pequeña empresa familiar de la ciudad de Young en Uruguay, especialistas en la perforación de pozos de agua que trabajaban en todo el territorio uruguayo y con casa matriz en Chile.

La gerencia nos contactó porque conocía a alguien que conocía a otra persona que conocía a la tía de uno de mis colegas, fue así como coordinamos la visita para evaluar estado y requerimientos para ver qué tipo de servicio necesitaban.

Fue así como nos encontramos con que faltaban menos de 3 meses para su segunda auditoría externa, habían tenido varias observaciones el año pasado y no se había trabajado nada en ninguna de ellas.

¿Cómo organizamos el trabajo?

¿Cómo identificamos los puntos más débiles?

Fue a través de una primera auditoría de revisión que logramos «ver» en toda su magnitud cada requerimiento y su estado a esa fecha.

Por lo mismo, siempre fue mi herramienta preferida para evaluar estados iniciales y avances en tiempos planificados.

Como resultado de este primer acercamiento, llegamos a los tiempos y fechas de la auditoría y fue un éxito, un éxito porque no se registraron no conformes y un éxito porque nos fortaleció en otros proyectos que le siguieron.

Una instancia de auditoría de revisión inicial al comenzar con un proyecto es entonces una propuesta que les dejo para considerar como herramienta de preparación, tomarán conocimiento del estado inicial y tendrán insumos para trabajar en mejoras y brechas que se podrían convertir en no conformes en auditorías del sistema y sobre todo entenderán dónde está el contexto interno y externo de su organización.

Por lo anterior, se propicia el adecuado control interno y sus procesos a través de revisar el estado inicial y mantener en instancias planificadas una secuencia anual de visitas y auditorías que favorezcan la mejora.

Con base en lo anterior, puedo decir que si el liderazgo de la organización no toma esa información como insumo y lo mantiene y es consecuente con lo recibido todo será momentáneo y caerá en poco tiempo en el olvido empresarial.

**Tomando este suceso quiero referirme a otra observación que he logrado detectar con la experiencia.**

En las empresas del Cono Sur es habitual encontrar un liderazgo que se basa en la «contemplación», mira y mira y vuelve a mirar el mismo problema hasta el cansancio al punto que no actúa, se llega a cansar del problema por lo tanto «contemplar» para el cabo de un tiempo volverse a otro lado, y así otro nuevo problema.

La contratación de un consultor o un asesor en las materias de gestión cuesta y mucho, no en base de las finanzas sino de *«sentir»*, *requerir que alguien externo me empuje a mirar nuevamente lo anterior.*

Creo un ejemplo válido es el siguiente: tenía unos 24 años y me había recibido como experto de calidad y un año después como auditor de gestión. Trabajaba para la Policía Nacional en una Jefatura Departamental y cumplía funciones en el Departamento de Adquisiciones de esa jefatura.

Con el tiempo fui conocido, y superiores a mi cargo supieron de mis competencias. En un organismo público que estaba buscando certificarse en calidad, tener a alguien calificado y ya integrante de la fuerza era una ventaja (para ellos) y una oportunidad para mí.

No habrán pasado dos semanas desde que se requirió mi participación en el proceso de auditoría de calidad para la jefatura. Sin embargo, no fue como pensaba, de un día al otro vi una idas y venidas interminables en marchas silenciosas de superiores de un área y otra para «negociar» mi participación, para negociar que pueda hacerles las auditorías y revisiones de sus procesos y buscar mejoras que se requerían en forma inmediatas, pero increíblemente quien estaba como mi jefatura no aceptaba mi ausencia para «esas», refiriéndose a las auditorías de gestión.

Las negativas se fueron acumulando hasta que fue insostenible mi participación y no se hicieron en esa fecha, tuvieron que pasar 3 años más para lograr un cambio interno.

Nadie pudo hacer que se lograse ese pequeño cambio para bien de la organización, solo por acumular algunos sin sentidos «NO».

Sin embargo, en la rutina diaria de la labor monótona y completa de reprocesos desgastantes se siguieron sintiendo las quejas y contemplaciones de los superiores.

A veces son *pequeños cambios en el fluir de la actividad, un permiso y enfoque tímido al problema lo que puede llevar a mejorar a la organización y sus logros.*

Es habitual en organizaciones de liderazgo asiático encontrar al comenzar la jornada de trabajo diario las conocidas reuniones *trouble meetings*, siendo básicamente una instancia breve y específica al comenzar el día donde se revisan riesgos y oportunidades para cumplir con las tareas con base en los objetivos medidos mes a mes.

Se centran en buscar de manera planificada la solución paso a paso, dejando de contemplar en un círculo vicioso los problemas a pasar a lograr trabajar sobre ellos en etapas diarias «¿qué pasó ayer?», «¿cómo trabajaremos sobre los desvíos hoy?» y mañana veremos lo de hoy. Esto define un sistema de gestión en base de fortalecer los procesos y logros.

Destaco tres puntos críticos (que se complementan y sirven en forma integrada) para tratar de movernos del punto ciego del confort organizacional en el que cientos de empresas y líderes están en la contemplación de ellos mismos, a lograr pasar a la acción y al cambio organizacional.

**Primero:** planifiquen y tengan una auditoría de revisión interna para definir estado y brechas.

**Segundo:** definan objetivos claros y medibles, con base en procesos y generales, a revisar mes a mes en tiempos establecidos.

**Tercero:** forma equipos competentes, conoce al personal, a los líderes organizacionales, definiendo capacidades y brechas en competencias personales.

Lo primero identifica las brechas y las debilidades.

Lo segundo da una dirección en el propósito de mejora.

El tercero, sabiendo las brechas, teniendo una dirección, dispondrá de un equipo para trabajar en las mejoras esperadas.

# CAPÍTULO 6

# El desvío desde la soberbia

*La confianza en sí mismo es el primer secreto del éxito*

Ralph Waldo Emerson

En estas líneas se ha tratado de dar forma y explicar algunas referencias con respecto a gestión y mejora. Surgen de la experiencia (de la buena y la no tan buena), en base organizaciones que buscan mejorar sus procesos y sus liderazgos, organizaciones que han tratado de trabajar con normas internacionales pensando que era algo imposible para ellos y que no estaban preparados, pero al fin lo han logrado.

Son muchas las que han logrado un certificado en gestión pero pocas realmente logran incorporar «eso» tan importante que las hizo lograr certificar. Se han olvidado, lo han dejado y les cuesta retomar todo al segundo período de auditoría (muchos piensan que falta para ese día), y al darse cuenta la gestión cuesta inventarla si se ha perdido.

Por lo mismo, para trabajar en verdad en gestión será muy importante lograr un sincero desvío desde la soberbia, la propia y organizacional, ya sea una multinacional o una pyme, todas necesitan un cambio para lograr éxito en estos procesos.

Lo habitual en procesos operacionales y productivos de Latinoamérica, y lo he podido observar de cerca en Chile y Uruguay, es la gran necesidad de liderazgo efectivo en las organizaciones nacionales. Liderazgo que sea capaz de direccionar las opciones y dar oportunidad al aporte de todos los involucrados en procesos internos.

Por lo mismo, es fundamental se preste atención a los equipos de trabajo y sus mensajes entrelíneas.

Como sugerencia final propongo:

▶ Que recorras las instalaciones y oficinas de tus áreas internas.

▶ Participes como líder de procesos, en reuniones eficaces.

▶ Abras oportunidades de comunicación y participación del trabajador y sus representantes.

▶ Escuches sus propuestas y alternancias y atiendas ya por afirmación o negativa esas propuestas y se consideren en procesos de decisión.

▶ Y, por último, recuerda que los objetivos y las estrategias de tu organización no deben diferenciarse de lo planteado en el sistema de gestión.

Busca unidad y coherencia entre lo que planteas y muestras en la realidad interna

Recuerda, la gestión —la buena gestión— no se inventa, no se crea u organiza en tres meses antes de la auditoría de renovación o mantención, no se trasmite a tus equipos algo que han visto no es real en meses anteriores y por lo tanto los resultados y mejoras no se materializaran si no existe por parte de la organización y su liderazgo primordialmente, un real **desvío desde la soberbia**.

# Ejemplo análisis - FODA

## 4.1. ANÁLISIS DE CONTEXTO DE LA ORGANIZACIÓN

La metodología para desarrollar un análisis FODA se describe a continuación:

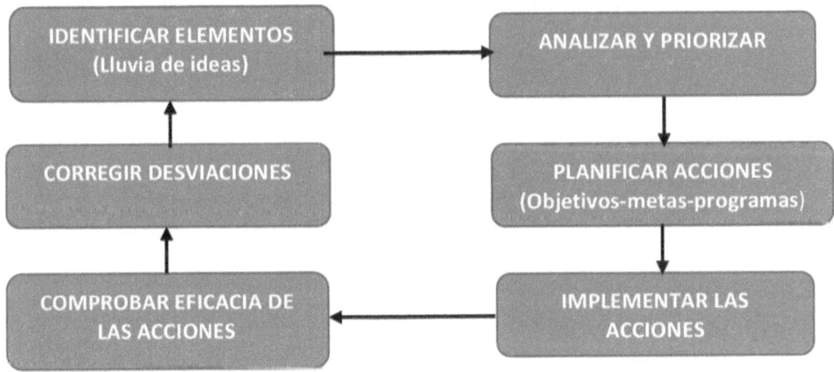



**ETAPA 1. Formar un equipo multidisciplinario** considerando a los representantes de todos los procesos que conforman el sistema de gestión. Elegir un líder.

**ETAPA 2. Tormenta de ideas:** el equipo se reúne e identifica los elementos FODA por medio de la técnica de lluvia de ideas, para esto los parámetros FODA se listan por grupo:

- ▶ Fortalezas (internos)

- ▶ Oportunidades (externos)

▶ Debilidades (internos)

▶ Amenazas (externos)

**ETAPA 3. Calificación:** una vez identificados los elementos se ordenan de mayor a menor, según la relevancia de su impacto sobre la satisfacción de los clientes, con base en los conocimientos y experiencia del equipo.

Discutidos y validados los elementos relevantes, el equipo selecciona los X elementos más relevantes de cada parámetro FODA y los registra en una tabla como se muestra a continuación:

**FODA**

| ANÁLISIS INTERNO | ANÁLISIS EXTERNO |
|---|---|
| **FORTALEZAS** | **OPORTUNIDADES** |
| 1. | 1. |
| 2. | 2. |
| 3. | 3. |
| 4. | 4. |
| **DEBILIDADES** | **AMENAZAS** |
| 1. | 1. |
| 2. | 2. |
| 3. | 3. |
| 4. | 4. |

**ETAPA 4. Discusión:** una vez calificados los elementos FODA, el equipo discutirá los resultados obtenidos y establecerán objetivos, metas y programas de acción, enfocados a usar esta información en beneficio de la capacidad de la empresa para lograr los resultados previstos y mejorar la satisfacción de los clientes.

El gerente general revisa anualmente el análisis FODA durante la revisión por la dirección, pudiendo proponer cambios y asignando recursos.

FODA del área:
Fecha:

FORTALEZAS

Personal comprometido con la empresa
Equipos acordes al trabajo
Posicionamiento de la empresa en el mercado
Disposición de la empresa hacia la mejora
Buena comunicación con el cliente
Experiencia técnica del personal
Alianzas estratégicas
Certificado

DEBILIDADES

Falta de equipos y/o herramientas para realizar diversas tareas
Personal poco calificado en temas eléctricos (control)
Demora en entrega de resultados desde laboratorio para detener procesos
Personal nuevo no cuenta con competencias sobre el rubro
Mejorar en el tiempo de entrega de informes finales

Participantes en análisis

OPORTUNIDADES

Cursos de capacitación para el personal
Compra de equipos y modernización
Optimización de recursos y tiempos según full cost
Servicios en terrenos cerrados con conformidad de contrapartes

AMENAZAS

Alta competencia de otras empresas con bajos precios
Daños a equipos en los transportes
Robo de accesorios de vehículos
Alta oferta laboral en el merecado no nay personal calificado
Cambios sociales que afectan todo el país
Pandemia global

# Lista de partes de interés

| PARTES INTERESADAS IDENTIFICADAS | NECESIDADES/ EXPECTATIVAS | REQUERIMIENTOS/ EXPECTATIVAS AMBIENTALES | INTERÉS | PODER | TIPO DE PARTES INTERESADA | ACTIVIDADES | RESPONSABLE | FRECUENCIA DE SEGUIMIENTO | CUMPLE SÍ/NO |
|---|---|---|---|---|---|---|---|---|---|
| Clientes | Cumplimiento de los requisitos del producto-servicio ofrecido / Relación precio-calidad del producto-servicio Especialización técnica e infraestructura. Cumplimiento requisitos legales SSO/Ley Subcontratación. Cumplimiento leyes sociales. Proteger la propiedad del cliente. | Se cumpla con medidas y requerimientos medioambientales – se utilicen espacios destinados para gestión de residuos y contención. | Alto | Alto | D (Dominante) | Implementación y control de proyecto (calidad-SSO-MA). Disponer de técnicos competentes (Programa capacitación y transmisión de conocimientos entre técnicos) y recursos de infraestructura (inversiones, compras de equipos, programa de mantención). Medición de la satisfacción del cliente y respuesta a reclamos. Implementación de actividades de prevención de riesgos. | Jefes de área. | Según proyecto. | Sí |
| Administradores de contrato del cliente o mandante. | Cumplimiento de contrato, requisitos calidad, SSO, MA. Cumplimiento contractual. | Cumplimiento especificaciones en materia MA. | Alto | Alto | D (Dominante) | Implementación y control de proyecto (calidad-SSO-MA). Disponer de técnicos competentes (Programa capacitación y transmisión de conocimientos entre técnicos) y recursos de infraestructura (inversiones, compras de equipos, programa de mantención). Medición de la satisfacción del cliente y respuesta a reclamos. Implementación de actividades de prevención de riesgos. | Jefes de área. | Según proyecto. | Sí |
| Prevencionista de riesgo de cliente o mandante. | Cumplimiento de requisitos aplicables de la Ley 16.744 y reglamentos SSO (AST, ODI, Entrega EPP, otros). | Se comuniquen reglamentaciones y aspectos normativos en materia de MA en forma adecuada. | Alto | Alto | D (Dominante) | Implementación de programa de prevención de faena. | Experto en prevención. | Según proyecto. | Sí |

| PARTES INTERESADAS IDENTIFICADAS | NECESIDADES/ EXPECTATIVAS | REQUERIMIENTOS/ EXPECTATIVAS AMBIENTALES | INTERÉS | PODER | TIPO DE PARTES INTERESADA | ACTIVIDADES | RESPONSABLE | FRECUENCIA DE SEGUIMIENTO | CUMPLE SÍ/NO |
|---|---|---|---|---|---|---|---|---|---|
| ITOS | Cumplir con avances de obra y documentación exigida (Contrato, ODI, RIOHS, EPP, certificados antecedentes, CI, AST, exámenes,entre otros). | Gestion adecuada de residuos, y preparacion adecuada ante emergencias MA por el personal de Lubrisider. | Alto | Alto | D (Dominante) | Revisión de especificaciones del proyecto. Implementación de documentación exigida por proyecto. Asignación y disponibilización de recursos. Seguimiento y control de avances. Evidencia de difusiones internas y preparación en temas de MA. | Jefe de operecaiones Supervisores. | Según proyecto. | Sí |
| Áreas de control laboral del cliente o mandante. | Cumplimiento de leyes sociales. | Cumplimiento de normativas legales. | Alto | Alto | D (Dominante) | Control de asistencia y libros. Contratos y anexos al día. Información de HH/extras. Pago de remuneraciones. Pago de cotizaciones. Firma de trabajadores. F30, F30-1. | Administración, RRHH. | Mensual. | Sí |
| Usuario final del cliente o mandante. | Cumplimiento técnico del servicio, plazos de entrega, calidad del servicio, 0 accidente. | Gestion adecuada de residuos y contención preventiva de derrames. | Alto | Alto | D (Dominante) | Elaboración y entrega de informes. Mantención de libro de obra al día. Pruebas eléctricas. Toma de muestras. Inspecciones en terreno Reuniones técnicos. | Áreas de operaciones, prevención y laboratorio. | Según proyecto. | Sí |
| Área compradora del mandante. | Precio, solidez financiera. | | Alto | Alto | D (Dominante) | Cotizaciones Gestión comercial (documentación para licitaciones, entre otros). Inscripción como proveedor. | Gerente comercial. | Según proyecto. | Sí |
| Proveedores (afectan el desarrollo de la operación). | Facturación y pagos acorde a plazos, relación comercial a largo plazo. | Proveedores evaluados adecuadamente en materia de MA. | Alto | Alto | D (Dominante) | Solicitar/actualizar precios Desarrollo de proveedores, en base a requerimientos de una buena gestión al medio ambiente Verificación de la capacidad de cumplir con los requisitos de Lubrisider. | Jefes de área. | Según proyecto. | Sí |

Continúa

| PARTES INTERESADAS IDENTIFICADAS | NECESIDADES/ EXPECTATIVAS | REQUERIMIENTOS/ EXPECTATIVAS AMBIENTALES | INTERÉS | PODER | TIPO DE PARTES INTERESADA | ACTIVIDADES | RESPONSABLE | FRECUENCIA DE SEGUIMIENTO | CUMPLE SÍ/NO |
|---|---|---|---|---|---|---|---|---|---|
| Organismos reguladores: Inspección del trabajo; Seremi de salud/ventanilla única; mutual de seguridad, SII; Municipalidad. | Cumplimiento de requisitos aplicables. | Cumplimiento de requisitos aplicables. | Alto | Alto | D (Stakeholder dominante). | Implementación de programas de prevención. Implementación de actividades para cumplir con Código del trabajo. Revisión y cumplimiento re requisitos legales aplicables desritos en la matriz de requistos legales (Calidad-SSO-MA). Comunicaciones formales con partes interesdas. | RRHH, SSOMA, Finanzas. | Según requisto legal. | Sí |
| Personal empresa. | Remuneración acorde a la realidad país-organización, Estabilidad laboral/lugar de trabajo seguro (espacio para comedor, otros)/ cumplimiento Leyes sociales. | Inducción a requerimientos medio ambientales, requieren herramientas (competencias) para una debida gestión de residuos. | Alto | Alto | D (Dominante). | Beneficios Cumplimientos contractuales, pagos al día. Depto de prevención/ implementación de programas de prevención. Gestión del recurso humano: desarrollo de capacitaciones. | Encargada de RRHH. | Mensual | Sí |
| Directorio. | . Rentabilidad / crecimiento de la organización. | Requieren conocer medidas de contingencia, incidentes medio ambientales y acciones correctivas en respuesta. | Alto | Alto | D (Dominante). | Planificación estratégica/ revisión de cumplimiento objetivos (revisión por la dirección) / reuniones de accionistas , difusión de actividades en base al SGI. | Gerente general. | Según agenda de directorio. | Sí |
| Bomberos, carabineros, asistencias de emergencias. | Información de productos de laboratorio, sustancias peligrosas, entre otras. | Caso de simulacro, se los puede hacer participes en inducciones en temas de medio. | Bajo | Bajo | A (mínimo esfuerzo). | Simulacro y coordinación con una de las entidades (bomberos). Comunicaciones. | Experto en prevención. | Semestral | Sí |

| PARTES INTERESADAS IDENTIFICADAS | NECESIDADES/ EXPECTATIVAS | REQUERIMIENTOS/ EXPECTATIVAS AMBIENTALES | INTERÉS | PODER | TIPO DE PARTES INTERESADA | ACTIVIDADES | RESPONSABLE | FRECUENCIA DE SEGUIMIENTO | CUMPLE SÍ/NO |
|---|---|---|---|---|---|---|---|---|---|
| Comité paritario. | Apoyo de la empresa en la implementación de las medidas de prevención, asesoría de la mutualidad, recursos para capacitar al personal. | Apoyo de la empresa en la implementación de las medidas de prevención, recursos para capacitar al personal en temas. | Alto | Alto | D (Dominante). | Participación de la gerencia en el CPHS a través de sus representantes. Reuniones mensuales Aporte de recursos para la implementación de las acciones que propone el CPHS. | Integrantes del CPHS. | Mensual | Sí |
| Socios estratégicos (oportunidades de negocio). | Gestión comercial, difusión de sus marcas. | Gestión comercial de los procesos de regeneración de aceite. | Alto | Alto | D (Stakeholder dominante). | Fortalecimiento de la marca. Gestión comercial en conjunto hacia el cliente. Crear estrategia comercial para fortalecer la alianza. Reuniones. | Comercial | Semestral | Sí |
| Fundaciones (San José, Antonio, otros). | Aportes (reciclado papel). | Aportes (reciclado papel). | Bajo | Bajo | A (mínimo esfuerzo). | Aportes en productos requeridos por las fundaciones. Almacenamiento transitorio de papel para reciclaje. | RRHH | Anual | Sí |

**Planificación de cambios**

| Cambio/motivo del cambio | Propósito | Alcance del cambio | | | Descripción del cambio | | | | | Estatus/ Observaciones |
|---|---|---|---|---|---|---|---|---|---|---|
| | | Partes interesadas afectadas | Procesos afectados | Impactos/efectos | Recursos necesarios | Responsables | Cronograma de actividades a realizar | Capacitación / formación requerida | | |
| Migración de OHSAS 18001.2008 a la ISO 45001.2018. | Dar cumplimiento a los requisitos de la norma ISO. | Personal – operaciones, prevención y comercial contratistas. | Procesos vinculados a seguridad, salud y medio ambiente – GESTIÓN DE CONTRATOS. | Reestructuración de procesos, cambios y/o actualización en documentación - Requerimientos más estrictos a contratistas. | Financiero humano. | Asesor externo Prevención de riesgos y operaciones | Véase Gantt. | Inducción a la nueva ISO 45001. | En proceso. | |
| Nueva estructura horaria y trabajo online por pandemia global. | Continuidad del negocio con base en nueva operativa y gestión de teletrabajo. | Personal interno de toda la estructura del organigrama. | La organización en todo su alcance. | Restructura de procesos comunicacionales y liderazgo Gestiones con clientes y otras partes de interés. | Humano – internet y acceso a plataformas online. | Gerencias – jefaturas. | Véase Gantt. | Entrenamiento a plataformas on line. | En proceso al mes de abril de 2020. | |

## Planificación de riesgos y oportunidades

| 1. IDENTIFICAR EL RIESGO | | | | | | 2. ANÁLISIS DEL RIESGO | | 3. EVALUACIÓN DEL RIESGO | | 4. TRATAMIENTO |
|---|---|---|---|---|---|---|---|---|---|---|
| TIPO PROCESO | ÁREA | PROCESO | ACTIVIDAD | RIESGO | FACTOR DE RIESGO (*) | PROBABILIDAD (*) | CONSECUENCIA (*) | CATEGORÍA | CONTROL O ACCIONES | |

# ÚLTIMOS TÍTULOS PUBLICADOS:

*Las ruinas del fuego* (Pedro Valbuena)

*Higthon* (E. Moncluth y F. Villaro)

*Cuando tus ojos no ven* (Leonardo Vidal)

*Luz en la oscuridad* (Virginia Mancebo)

*Oscura vida de Gatribell* (Katherine Barra)

*El forzado inicio de la era digital* (Carlos Cáceres)

*Gritos en el silencio de la esposa de un pastor* (Olinka Córdoba)

*Pisando serpientes* (Ricardo Celis)

*El lado oscuro de la sombra y otros ladridos* (José Baroja)

*La tierra que la vio nacer* (Jacqueline Hernández Medina)

*Dios, la esencia y la verdad* (Liz Huerta)

*Seúl: Diario de un amor* (Melina Fuenmayor Gotera)

*Alas en el corazón* (Cristian Moreno)